AF312936

JACQUES CASSARD

SA NAISSANCE — SA FAMILLE

NOTES GÉNÉALOGIQUES

In tenui labor.

Un nom dont les Nantais doivent être fiers, que les marins ne prononcent qu'avec orgueil et respect, un nom qu'entoure la double auréole de la gloire et du malheur, c'est celui de Cassard, l'émule de Jean Bart, l'ami de Duguay-Trouin, qui le plaçait au premier rang des illustrations de son époque, si belle et si féconde en vaillants hommes de mer.

Et pourtant, tous les articles biographiques publiés jusqu'à ce jour sont erronés, et plus ou moins incomplets à l'égard de sa famille.

Greslan, auteur de l'article Nantes dans le *Dictionnaire des Gaules* d'Expilly ; Turpin, *Fastes de la marine française ;* Richer, *Vie du capitaine Cassard ;* Eyriès, *Biographie universelle ;* M. P. Levot, *Biographie bretonne,* disent, avec plusieurs autres, que Cassard naquit en 1672, et le font mourir en 1740 à l'âge de soixante-huit ans.

Armand Guéraud, *Revue des provinces de l'Ouest,* 1856, p. 32, publie, comme étant l'acte de baptême de Jacques, celui de son frère aîné, né en 1669 et mort à l'âge de 5 ans. Nous-même, enfin, reproduisant cette date, d'après lui, écrivions dans le *Livre Doré de l'Hôtel-de-Ville de Nantes*, 1873, t. I, p. 334 : « C'est à tort que M. de Courcy, *Armorial de Bretagne*, a donné notre célèbre marin (NÉ LE 24 SEPTEMBRE 1669) comme issu de la famille du maire Paul Cassard du Broussay, dont il eût été la plus belle illustration, mais avec laquelle il n'a rien de commun que le nom. »

Alors, nous étions loin de mettre en doute l'authenticité de cette dernière date, et de penser même qu'il pourrait y avoir quelque chose à ajouter aux publications faites sur notre compatriote. Cependant, nous avions patiemment feuilleté les registres des anciennes paroisses, afin d'établir l'état-civil des Maires de Nantes ; l'idée nous vint d'entreprendre le même travail au sujet de l'intrépide capitaine des vaisseaux du roi, parti du rang de simple novice, pour arriver si brillamment à ce haut grade et à une notoriété européenne. C'est donc avec plaisir que nous l'avons accompli, surtout en présence des détails inconnus et nouveaux qu'il nous a été donné de recueillir et des rectifications qu'il nous est permis de produire.

Cassard naquit en 1679 et mourut en 1740, dans sa soixante et unième année.

Tout jeune encore, presque enfant, il sut se distinguer, et nul mieux que lui peut-être ne put s'appliquer cette noble maxime du grand poète :

> Aux âmes bien nées
> La valeur n'attend pas le nombre des années.

A l'âge de 17 ans, sa magnifique conduite au siége de Carthagène, lui valut les plus chaleureux éloges de M. de Pointis, et à 18 ans, fait extraordinaire, il commande un navire en course, quand les jeunes gens ses contemporains débutent à peine dans la carrière de la marine (¹).

(¹) Cassard partage avec le grand Duquesne l'honneur d'avoir exercé le commandement de capitaine à l'âge de dix-huit ans.

Cette grande jeunesse est même, croyons-nous, la cause de l'erreur des biographes. Alors, ainsi que chacun le sait, la majorité était fixée à 25 ans. Les maîtres de navires, comme s'appelaient les capitaines, ne se faisaient guère recevoir avant trente ans et plus, le contraire était l'exception. Quelque insolite et illégal que cela paraisse aujourd'hui, Cassard dut se vieillir dans sa déclaration au commissaire de la marine, et le rôle d'armement altéré a consacré l'erreur.

En 1700, il prend le commandement du *Laurier*, armé par son beau-frère Drouard, et le rôle, dont voici l'extrait, accuse 25 ans, bien qu'il n'en eût que 20. Tout ce qui concerne Cassard, doit nous intéresser ; cette pièce est la seule et unique que possèdent sur lui les archives de la marine du port de Nantes, et par conséquent ne peut pas être omise.

« Le *Laurier*, de cent tonneaux, six canons, appartenant au sieur Jean Drouard, capitaine Jacques Cassard, fils de Guillaume, de Saint-Nicolas, 25 ans.

» Je soussigné, Jacques Cassard, du lieu de Nantes, capitaine du navire le *Laurier* de Nantes, déclare que M. Hocquart, commissaire du département de Nantes, m'a remis les douze matelots et deux mousses dénommés au présent rôle, pour le voyage que je dois faire à la Martinique et aux autres isles, dont je promets lui rendre bon et fidèle compte, Dieu aidant, dans les derniers jours du mois de mars mil sept cent un, qui est le terme du congé qui m'a été accordé.

» Je promets de plus de ne recevoir aucune personne dans mon bord que les dénommez audit rôle ; et à faute de tout ce que dessus, je me soumets de payer l'homme de confiance qui me sera donné dans les lieux où je me pourrai trouver passé ledit terme ; je m'y oblige par la soumission que j'en ai signée et retenue pour la porter avec moi, ainsi que la somme de (*blanc*), et à telle autre peine qu'il a plu ou qu'il plaira à Sa Majesté d'imposer contre ceux qui manqueront à se rendre dans les ports dans les termes de leur congé, ou qui souffrent dans leurs bâtiments des gens non portés dans leurs rôles. Le tout à mes frais et dépents et de ceux des bâtiment, marchandises et équipage.

» Fait à Nantes, ce jour 31e May, mil sept cents (¹). »

Cassard, avouant 2 5 ans en 1700, nous renvoie à 1675, année de la naissance de sa sœur Isabelle, le 2 octobre. Une autre Isabelle étant née le 2 février 1674, il y a impossibilité absolue de lui accorder ces 25 ans. Tant qu'à l'année 1672, la naissance de Pierre Cassard, le 17 mars, démontre également l'impossibilité de fixer à cette époque la venue au monde du brave corsaire. Mais si nous réfléchissons qu'en 1698, il accusa 25 ans, comme en 1700, ceci reporte naturellement à 1672 date fautive indiquée par les biographes.

M. A. Guéraud, qui a laissé des notes nombreuses ainsi que d'importants travaux, a été facilement abusé par la conformité

(¹) *Adm. de la Marine; Inscript. mar.;* Registre 4 des rôles d'équip. 1699-1700 p. 182. — Outre le capitaine, les 12 matelots, les 2 mousses, il y avait 2 passagers, en tout 17 personnes. Les marchandises inscrites en marge se composaient de :

60 barils de bœuf.	100 chaises de paille.
7 tonneaux de vin.	48 quintaux fer œuvré.
22 barils de farine.	6 barriques marchandises sèches.
12 barils de lard.	
1 muid de sel.	10 barriques eau-de-vie.
10 milliers d'ardoises.	150 pots de terre.
5 tonneaux de charbon.	20 barils beurre.

du prénom, en publiant l'acte de 1669, et n'a pas cru devoir pousser plus loin ses recherches.

Nous n'avons rien négligé pour établir d'une façon sûre et régulière l'état-civil de Cassard, et donner un aperçu généalogique de sa famille. Si nous avons omis quelques noms, c'est parce que nous avons laissé de côté ce qui ne nous semblait pas suffisamment prouvé, afin d'éviter de tomber dans de nouvelles erreurs.

Les premières traces de la famille Cassard, se rencontrent sur la paroisse de Saint-Nicolas, dans le quartier de la Fosse, spécialement affecté au commerce.

I. — Guillaume Cassard et Guillemette Jue, paroissiens de Saint-Nicolas, reçurent la bénédiction nuptiale en 1595 (1).

Cette mention très-succincte, comme toutes celles du même temps, n'indique pas l'état qu'exerçait Guillaume. Il eut trois enfants : 1° André ; 2° Jacques ; 3° une fille nommé Jeanne, baptisée le 24 juin 1604.

II. — André Cassard, « maistre gabarrier », sans doute comme son père, épousa Jeanne Viollet, de laquelle il eut au moins douze enfants :

1° Jacques Cassard, baptisé le 15 septembre 1623, dont son oncle Jacques fut parrain ; 2° Jeanne, baptisée le 2 avril 1625, parrain Thomas Jue, sieur de la Vigne ; 3° Marguerite, baptisée le 27 octobre 1626 ; 4° Charles, baptisé le 11 août 1628 ; 5° Guyonne, baptisée le 3 août 1630 ; 6° Mathurin, baptisé le 14 juillet 1631 ; 7° Jean, baptisé le 6 octobre 1632, marraine Jeanne Heurtin, femme de Jacques Cassard ; 8° André, baptisé le 1er janvier 1635 ; 9° Jean, baptisé le 22 juin 1636 ; 10° André, baptisé le 16 mai 1638 ; 11° Renée, baptisée le 24 mai 1639 ; 12° Pierre, baptisé le 22 mars 1642.

(1) Pour éviter les répétitions, nous dirons que tous les actes, sans indication de paroisse, sont extraits des registres de Saint-Nicolas de Nantes.

Ceux-ci formèrent la branche aînée, à laquelle pourraient se
rattacher les personnes du nom de Cassard qui tiendraient à
honneur d'appartenir à la famille obscure mais honnête et honorable de l'illustre corsaire.

Parmi ces huit garçons, nous citerons particulièrement Charles Cassard, qui épousa Etiennette Litoust, laquelle le rendit père
de :

1° Julienne, baptisée le 2 mai 1657 ;

2° André Cassard, baptisé le 2 juillet 1658 ;

3° et 4° François et Jean, jumeaux, baptisés le 20 avril 1661 ;

5° Nicolas Cassard, baptisé le 26 août 1662. Il embrassa l'état
ecclésiastique, fut reçu docteur en théologie, professeur à l'Université de Nantes, devint recteur de la paroisse de Saint-Laurent,
de 1715 à 1727, et adopta avec ardeur les nouvelles doctrines
du jansénisme.

L'abbé Travers (¹), le cite plusieurs fois en parlant des orageux
débats que soulevèrent les appelants de la bulle *Unigenitus*, qui
condamnait les propositions de Jansenius.

« Le jour de Noël 1727, dit-il, M. Cassard, curé de Saint-
Laurent, et M. de Tanouarn, curé de Saint-Denis, partirent pour
leur exil à Saint-Michel-en-l'Herm, diocèse de Luçon. M. de Saint-
Laurent fut accusé d'avoir annoncé le jubilé, dont on avait affecté
de ne point lui envoyer la bulle et le mandement, ni de l'afficher
dans son église, quoiqu'on les eût envoyés et affichés dans toutes
les autres églises, et M. de Saint-Denis fut accusé faussement de
l'avoir fait arracher. La constitution *Unigenitus*, dont ils étaient
appelants, fut la seule et véritable cause de leur disgrâce. M. Cassard fut envoyé, quelques temps après, à Saint-Maixent, en
Poitou, où il mourut l'an 1732. »

Le *Supplément aux nouvelles ecclésiastiques*, 1735, p. 4, contient l'indication suivante : « Le Père Cassard de l'Oratoire, ses

---

(¹) *Histoire des Evêques de Nantes*, t. III, p. 448, 449, 455, 456 et
480.

trois frères bénédictins et sa sœur, neveux et nièce du curé de Saint-Laurent de Nantes, grands dévots du diacre Pàris. »

6° Charles, baptisé le 2 août 1664 ;

7° Elisabeth, baptisée le 20 février 1666 ;

8° François Cassard, baptisé le 11 mars 1667, parrain François Litoust, prêtre de chœur de Saint-Nicolas, marraine Madeleine Litoust, femme de Louis Chiron, marchand. Devenu procureur au Parlement de Bretagne, il épousa Françoise Guillebaud, dont il eut : 1° Maître François-Marie Cassard, aussi procureur au Parlement de Bretagne, marié à Sainte-Croix, le 16 janvier 1741, avec demoiselle Marie-Thérèse Thomas ; 2° Elisabeth Cassard, femme du sieur René Diart de la Clabe, qu'elle rendit père de demoiselle Renée Diart. Cette dernière demeurant près des Minimes, paroisse de Saint-Clément, reconnut le 16 août 1745, relever du fief de l'évêque « pour une maison située à la Fosse de Nantes, rue des Barils, à elle échue par partage fait entre sa dite mère et feu Mᵉ François Cassard, vivant, procureur à la cour, frère et sœur, héritiers pour chacun une moitié de V. et D. Messire Nicolas Cassard, vivant, docteur en théologie de l'Université de Nantes et recteur de Saint-Laurent (¹). »

9° Jean Cassard, baptisé le 23 septembre 1668 ;

10°, 11° Charles et Joseph, jumeaux, baptisés le 5 mars 1672, « nays de ce jour, fils de deffunct honorable homme Charles Cassard, vivant marchand poelier, en la rue de la Casserie, et d'Etiennette Litoust sa veuve. »

Nous ne poursuivrons pas davantage la suite des générations collatérales, qui n'offrent du reste qu'un intérêt des plus secondaires. Le nom de Cassard est fort commun à Nantes, et nous éviterons ainsi de commettre quelque confusion.

Maintenant, il faut revenir au second fils de Guillaume Cassard et de Guillemette Jue.

(¹) *Arch. départ., Aveux de la Fosse, rendus à l'évêque de Nantes.*

II. — Jacques Cassard, le second fils de Guillaume et de Guille-mette Jue, reçut le baptême le 26 mars 1600. Il épousa Jeanne Heurtin, qui le rendit père de :

1° Jeanne, baptisée le 30 janvier 1627. Elle épousa Jean Beden, maître arrimeur, dont elle devint veuve. Sa sépulture eut lieu le 14 octobre 1678, en présence de sa sœur Andrée et de Jeanne Drouard, femme d'honorable homme Guillaume Cassard, son frère (¹).

2° Julien, baptisé le 20 mai 1628, tenu sur les fonts par Julien Drouard ;

3° Jacques, baptisé le 23 avril 1630, tenu sur les fonts par Guillemine Jue, son aïeule ;

4° Jean, baptisé le 26 juillet 1631 ;

5° Andrée, baptisée le 14 juin 1634. Elle eut pour parrain son

---

(¹) Les *Statuts et règlements des Corps d'Arts et Métiers de la ville et fauxbourgs de Nantes*. volume in-4°, publié par Gérard Mellier, chez N. Verger, 1723, ne contiennent pas le moindre détail sur les maîtres arrimeurs. Cette corporation, jadis très-importante, n'a laissé aucune trace à Nantes, tandis qu'au Havre elle figure encore en tête des divers corps d'états qui envoient un délégué au conseil des prud'hommes. Le nom indique suffi-samment le travail auquel ils se livraient en arrimant la cargaison dans la cale des navires.

Les maîtres arrimeurs possédaient des statuts et des règlements spéciaux. Un arrêt du Parlement de Bretagne du 21 mars 1587, fixait à sept sols le prix qu'ils touchaient par tonneau de vin, d'eau-de-vie ou de sucre. Des lettres patentes, notamment de 1607, 1671, 1687, déterminaient leur salaire, par tonneau de marchandises arrimé dans les navires et barques, du Rocher de l'Hermitage à Paimbœuf et Saint-Nazaire, sur l'avis du prévôt de la ville de Nantes. (*Adm. de la marine.* Lettres de la Cour, 22 octobre 1736.)

Un édit de Louis XIV, en date à Marly de mai 1710, érige en titre d'office l'emploi d'arrimeur au port de Nantes, en voici les principaux passages :

« .... Nous avons par le présent édit perpétuel et irrévocable, créé et érigé, créons et érigeons en titres d'offices formés, des offices de jurés arri-meurs dans ledit port de mer de notre ville de Nantes et comté nantois, en tel nombre que nous jugerons à propos d'en établir, lesquels à l'exclusion de tous autres feront l'arrimage ou chargement de toutes les marchandises de quelque nature qu'elles soient, même de victuailles qui seront embarquées dans tous les vaisseaux, barques, chaloupes et autres bâtiments, sans aucun excepter, soit pour aller de port en port, ou, chez l'étranger ou dans les oncle, André Cassard, maître gabarrier, et épousa François Selezier, gabarrier (¹). Elle fut inhumée, le 2 août 1680, à l'âge de 46 ans et non de 48, ainsi que le porte l'acte de sépulture.

6° Marguerite, baptisée le 19 septembre 1636 ;

7° Guillaume, qui suit ;

8ᵉ Françoise, baptisée le 27 octobre 1640.

III. — Guillaume Cassard, baptisé le 17 octobre 1638, eut pour parrain Guillaume Heurtin, probablement son oncle et pour marraine Jeanne Pellerin, femme d'honorable homme René Bernier.

---

voyages de long cours, comme dans les îles françaises, colonies, pêches et tous autres voyages tels qu'ils peuvent être. Lesquelles marchandises ils arrangeront dans l'ordre qu'elles devront être mises pour leur conservation ; feront lesdits officiers toutes les mêmes et semblables fonctions que font les particuliers qui jusqu'à présent ont fait lesdits arrimages dans ledit port de Nantes et le comté nantois. Et pour leur donner moyen de faire lesdites fonctions avec exactitude, et au soulagement de nos sujets, Nous leur avons attribué et attribuons des gages sur le pied du denier vingt de la finance qu'ils nous payeront pour l'acquisition desdits offices, dont les deux tiers leur tiendront lieu de gages, et l'autre tiers sera réputé augmentation de gages. Le fond desquels gages et augmentation de gages sera fait dans les états de nos finances, à commencer du premier du présent mois, pour leur être payé annuellement, sur leur simple quittance, par les trésoriers généraux de la marine, entre les mains desquels le montant en sera remis par les payeurs qui en seront chargés, en rapportant pour la première fois seulement copie du présent édit, de leur quittance de finances et de leurs provisions, qui seront expédiées en notre grande Chancellerie, signées de notre main et contresignées par le secrétaire d'État ayant le département de la marine. Leur attribuons aussi dix sols par tonneau de toutes les marchandises, de quelque nature qu'elles soient, dont ils feront l'arrimage ou le chargement sur les vaisseaux, chaloupes et autres bâtiments pontés, et huit sols par tonneau pour celles qui seront arrimées et chargées sur les autres vaisseaux et bâtiments. Lesquels droits seront perçus à commencer du jour de l'enregistrement du présent édit en notre Parlement de Bretagne. Défendons à tous particuliers, manœuvres et autres, de s'immiscer à l'avenir, de faire les arrimages nonobstant toutes lettres patentes et concessions, sous peine de mille livres d'amende, etc. » *Édits, Déclarations et Arrêts*, t. VII, 1707-1710.

(¹) Dès 1507, un Jehan Selezier possédait un clos de vigne près l'Asnerie, sur la Fosse. *Arch. Municip. Titres du Sanitat.*

Plusieurs des biographes de son fils le disent capitaine de vaisseau au commerce. Dans les actes nombreux de l'état-civil que nous avons relevés et dans lesquels il figure à divers titres, jamais il ne prend cette qualité, mais celle de marchand à la Fosse, c'est-à-dire négociant-armateur, qui est employée dans son acte de décès. Il était d'usage alors d'embarquer les fils de négociants, ou les jeunes gens destinés au commerce, afin de les préparer par la marine et les voyages dans les pays étrangers à bien diriger leurs comptoirs. Souvent même, les chefs de nos maisons commerciales, reçus capitaines, commandaient leurs propres navires. Les rôles d'armement de l'administration de la marine offrent fréquemment cette annotation : « capitaine et propriétaire. » Il n'est donc pas impossible que Guillaume Cassard, fils, neveu et beau-frère de maîtres gabarriers, ait navigué comme capitaine, seulement nous n'avons pu en acquérir la preuve, et nous maintenons la qualité de *marchand* ou négociant-armateur.

Quoi qu'il en soit, Guillaume, âgé de 26 ans, épousa, le 24 septembre 1664, dans la chapelle du Sanitat (l'hôpital de Nantes), Jeanne Drouard, née le 7 juillet 1639, fille de Julien Drouard et de Catherine Giraud. Les familles se connaissaient de longue date, et des relations d'amitié et de voisinage existaient entre elles, car Julien Drouard avait été, nous l'avons dit, le parrain de Julien Cassard, frère aîné de Guillaume.

Treize enfants, au moins, cinq garçons et huit filles, furent les gages de cette heureuse union. De ce nombre, six seulement survécurent à l'incroyable fatalité qui semblait les frapper dès leur jeune âge.

1° Jeanne Cassard, fille d'honorables personnes Guillaume Cassard et Jeanne Drouard, reçut le baptême le 20 septembre 1665. Elle eut pour marraine honnête femme Jeanne Blanchard, veuve de défunt honorable homme Pierre Drouard, vivant maître arrimeur, son aïeule.

Le 13 janvier 1693, honorable homme Pierre Mézard, marchand à la Fosse, fils de feu Jean Mézard, sieur de la

Barberie (¹), également marchand, et ancien consul de la compagnie de la Contractation en 1685, conduisait à l'autel la sœur aînée de Cassard.

Pierre Mézard, fils de marchand, marchand lui-même, était capitaine au commerce. En 1696, il commandait depuis plusieurs années le *Dauphin de Cayenne,* armateur Jean Drouard, son beau-frère, dont il va être question. Ce navire, de 150 tonneaux, 16 canons et 31 hommes d'équipage, était armé en guerre et marchandises, suivant commission de monseigneur l'amiral, du 11 septembre 1696. En 1697, il commanda l'*Ange Gardien.* De 1699 à 1704, il monta la *Providence,* de 140 tonneaux et 6 canons, armée d'abord par J. Drouard, ensuite par Le Roy et consors. Au retour de Saint-Domingue, ce navire fut pris à la côte d'Espagne, et le beau-frère de Cassard, prisonnier des Anglais pendant un an, ne revint à Nantes que le 19 juin 1705.

Le capitaine Mézard périt en 1706, âgé de 46 ans, dans le naufrage de la *Bonne-Garde*, qu'il commandait. Sa veuve lui survécut vingt ans. Elle reçut la sépulture dans le chapitreau de Saint-Nicolas au mois d'août 1726. De leur union naquirent trois fils , morts jeunes.

> A. François Mézard, baptisé le 24 octobre 1694;
> B. Pierre Mézard, baptisé le 27 mars 1697, mort à l'âge de 13 ans, le 18 février 1710 ;
> C. Jacques Mézard, baptisé le 18 janvier 1704, « né de ce jour, fils de Pierre Mézard, marchand absent, et de Jeanne Cassard sa femme. Fut parrain Jacques Cassard, marchand, oncle de l'enfant, et marraine Guionne

---

(¹) La Barberie, à l'entrée de la route de Rennes, est aujourd'hui la maison de campagne du Grand-Séminaire. Jean Mézard, né le 26 novembre 1626, était fils d'honorables personnes Jacques Mézard et Jeanne Fournier.

Mézard, non mariée, tante du baptisé, demeurant à la Fosse, soussignés (¹). Il mourut le lendemain de sa naissance.

2° Marguerite Cassard, née le 7 septembre 1667, baptisée le 11, épousa son cousin germain Jean Drouard, marchand à la Fosse. Elle mourut dans sa 81ᵉ année, le 22 janvier 1748.

Outre les navires commandés par P. Mézard, le *Dauphin de Cayenne* et la *Providence*, il possédait encore, d'après les livres d'armements, le *Tigre*, 1694 ; le *Saint-Pierre*, 1696 ; l'*Espérance*, 1697 ; le *Laurier*, 1698 ; la *Trompeuse*, 1699 ; le *Duc de Bretagne*, 1704, ce qui indique une belle position. De plus, la barque longue, *Notre-Dame-de-Bon-Secours*, de six tonneaux de port, deux pierriers, 26 hommes d'équipage, partait pour la course contre les ennemis de l'Etat, le 31 mars 1694, et revenait le 31 janvier 1695, sans que nous sachions si Jean Drouard eut à s'applaudir des succès de son léger corsaire.

De leur mariage naquirent au moins quatorze enfants.

> A. Jean Drouard, baptisé le lendemain de sa naissance, 21 mai 1695 ; tenu sur les fonts par Pierre Drouard, son aïeul paternel, et par honnête femme Jeanne Drouard, veuve Cassard, son aïeule maternelle.
>
> B. Marguerite Drouard, née le 21 mars 1696. Le 27 mai 1720, vénérable et discret messire Nicolas Cassard, recteur de Saint-Laurent, bénit, dans la chapelle de Saint-Gabriel, au manoir du Bois-de-la-Touche, l'union de noble homme Pierre Drouet, fils majeur de feu Jean Drouet, vivant notaire, et de demoiselle Michelle Moisan, natif de Frossay,

---

(¹) Nous reproduisons cet acte, parce qu'il indique la présence à Nantes de Jacques, et qu'il donne le titre de marchand à deux capitaines au long cours.

avec demoiselle Marguerite Drouard. Parmi les témoins figure René de Montaudouin, cousin de la mariée (¹).

Pierre Drouet avait été reçu capitaine au long cours, suivant ses lettres de l'amirauté de Nantes, le 17 juin 1717, à l'âge de 38 ans. Marguerite mourut veuve, le 16 janvier 1755, laissant de son mariage :

A. Jacques Drouet, né le 26 août 1726, baptisé le lendemain. D'après la matricule des capitaines et officiers de la marine, 1742-1745, il figure comme aide-pilote sur le navire de Nantes le *Duc de Villeroy*, en 1746. En 1748, il sortit des prisons d'Angleterre après avoir été pris sur le *Mercure.*

B. François Drouet, né le 22 avril 1731, marchand à la Fosse, consul en 1770, juge en 1785, et député du commerce de Nantes.

C. Marguerite Drouet, née le 15 octobre 1735.

D. Jeanne-Françoise Drouet, née le 19 mai 1737, baptisée le lendemain. Elle épousa Maurice Terrien, capitaine au long cours et mourut âgée de 32 ans, le 15 mars 1768.

(¹) Le manoir du Bois-de-la-Touche, maison de campagne de l'évêque de Nantes, puis monastère des religieuses de Sainte-Catherine, ou *Catherinettes* et séminaire des Irlandais, appartient aujourd'hui à M. Th. Dobrée, qui y a fait construire un magnifique spécimen des habitations du XIIIᵉ siècle. La salle dans laquelle mourut le duc Jean V, le 28 août 1442, existe encore dans le vieux corps de bâtiment situé en face des constructions nouvelles.

C. Jeanne Drouard, née le 30 juillet 1697, décédée le 13 mai 1699.

D. Isabelle Drouard, née le 10 août 1698, baptisée le 13 octobre. Elle eut pour parrain « honneste garçon Jacques Cassard », son oncle, et pour marraine Isabelle Cassard, sœur du parrain. L'acte porte la signature large et hardie du jeune homme, qui dénote sa rare intrépidité et son énergie.

Isabelle épousa, le 16 novembre 1722, à la chapelle de Saint-Julien de la Bourse, entre six et sept heures du soir, noble homme Jean Darrèche, marchand à la Fosse, natif de Cibour, diocèse de Bayonne, fils de défunt Jean Darrèche et de demoiselle Marie d'Irrigoyen.

Ils eurent pour enfants :

    A. Jean Darrèche, né le 18 août 1725 ;

    B. Jean, né le 24 novembre 1726, mort le 25 mars 1727 ;

    C. Jean, né le 9 septembre 1728, mort le 12 juillet 1731 ;

    D. Jean, né le 5 octobre 1729 ;

    E. Elisabeth, née le 4 avril 1731, elle eut pour marraine Elisabeth Cassard, sa tante ;

    F. Jacques Darrèche, né le 27 juin 1732, négociant-armateur. Il épousa, le 27 juillet 1767, Hélène-Perrine Le Gouais, veuve de M. Florent de la Ville de Férolles, qui mourut le 6 juin 1790. M. Darrèche mourut le 1er brumaire an XIII (23 octobre 1804), ayant eu de son mariage :

> *a.* Pierre-Jacques Darrèche, né le 13 juin 1769, qui fit une croisière sur le corsaire de Nantes l'*Intrépide,* comme pilotin en 1797, et mourut le 16 février 1807 sans avoir été marié.
>
> *b.* Hélène-Françoise Darrèche, née le 2 juillet 1775, mariée en 1res noces à M. Julien Gaborit, et en 2mes à M. Etienne Tertrin, chef de bureau de la mairie ; décédée le 30 décembre 1859, âgée de 84 ans.

E. Jeanne Drouard, baptisée le 29 juin 1699. Elle épousa, le 29 juin 1732, honorable homme Martin-Michel-Corneille Wlieghe, né à Ostende, interprète des langues étrangères, qu'elle rendit père de :

> A. Jean-Martin Wlieghe, baptisé le 11 janvier 1733 ;
>
> B. Jean-Baptiste, né le 2 mai 1734, baptisé le 4, ayant pour parrain Guillaume Wlieghe, son cousin, interprète, et pour marraine Marguerite Cassard, femme de Jean Drouard, son aïeule ;
>
> C. Jeanne-Marthe, baptisée le 13 novembre 1735 ; son parrain fut noble homme Pierre Drouet, sa marraine Marthe Braheix, épouse du sieur Wlieghe ;

    D. Martin, baptisé le 20 juin 1737 ;

    E. Jacques, baptisé le 20 janvier 1739, né la veille, parrain René Drouard, oncle, marraine Renée Cassard, grande tante ;

    F. Perrine, baptisée le 8 février 1740 ;

    G. François, né le 19 février 1741 ;

    H. Elisabeth, baptisée le 23 juin 1744, eut pour parrain son frère Jean ;

    I. Françoise, baptisée le 5 octobre 1745, eut pour marraine sa sœur Jeanne.

F. Françoise Drouard, née en 1702, morte âgée de 2 ans, le 13 juillet 1704.

G. Jacques, baptisé le 1er mars 1704, né la veille, eut pour parrain Pierre Cassard, son oncle, et pour marraine sa sœur *Madeleine Drouard*, dont nous n'avons pu trouver l'acte de naissance.

H. François, né le 9 août 1705.

I. Anne, née en 1706, décédée le 20 septembre 1710, âgée de quatre ans.

J. Jean-Baptiste, né en 1707 ou 1708, négociant, inhumé à l'âge d'environ 49 ans, le 31 janvier 1758.

K. Jeanne, née le 17 août 1709.

L. François, né le 4 janvier 1711.

M. Renée, née le 6 novembre 1713.

3° Jacques Cassard, troisième enfant de Guillaume et de Jeanne Drouard, naquit le 24 septembre 1669, cinquième anniversaire du mariage de ses parents. Il mourut le 10 décembre 1674, âgé de cinq ans. C'est son acte de baptême que M. Guéraud a publié comme étant celui de l'illustre corsaire.

4° Pierre Cassard, né le 17 mars 1672, mort le 2 décembre 1674, à l'âge de deux ans et neuf mois.

5° Isabelle, née le 26 février 1674, décédée le 1er juillet de la même année.

6° Isabelle, née le 2 octobre 1675. En 1698, elle tint sur les fonts de baptême, avec son frère Jacques, sa nièce Isabelle Drouard. Elle vivait encore en 1731, époque à laquelle elle fut marraine de sa nièce Elisabeth Darrèche.

7° Jacques Cassard, né le 6 janvier 1678, décédé à l'âge de huit mois, le 2 septembre suivant.

8° Jacques Cassard, qui fait l'objet de cette notice et viendra après ses frères et sœurs.

9° Marie, née le 29 juin 1682, décédé le 13 octobre 1742 à l'âge de 60 ans, et non de 50 environ, ainsi que le porte l'acte de sa sépulture.

10° Renée, née le 28 mai 1684, marraine de son petit-neveu Jacques Wlieghe, le 20 juin 1739.

11° Françoise, née le 27 mars 1688, morte le 17 mars 1691, âgée de 2 ans 11 mois.

12° Anne, née le 27 mai 1690, tenue sur les fonts par son frère Jacques et sa sœur Isabelle, décédée le 2 janvier 1694, à l'âge de trois ans.

13° Pierre, né le 11 octobre 1692, baptisé le 14, parrain de son neveu Jacques Drouard, en 1704. (*V. la note à la fin de l'article.*)

Guillaume fut enlevé à sa famille dans la force de l'âge ; son fils n'avait pas encore quatorze ans lorsqu'il le perdit.

Voici son acte de sépulture : « Le huit mai 1693, inhumé à Saint-Nicolas, le corps de défunt honorable homme Guillaume Cassard, âgé de cinquante-cinq ans, vivant marchand, en présence de son gendre et autres parents. Signé : J. Cassard ; Pierre Mézard. »

Tant qu'à Jeanne Drouard, elle vécut assez pour applaudir aux brillants débuts du jeune marin. Son cœur de mère dut battre d'un légitime orgueil lorsqu'elle apprit que le roi Louis XIV, ayant fait demander l'intrépide corsaire pour le complimenter, l'avait

nommé lieutenant de frégate, en lui confiant le *Jersey*, sur lequel il partit de Dunkerque, pour s'illustrer encore contre les Anglais. Elle mourut âgée de soixante-sept ans, le 3 janvier 1706, dans sa demeure, au bas de la Fosse, et fut inhumée le lendemain à Saint-Nicolas.

IV. — JACQUES CASSARD fut le huitième enfant de Guillaume et de Jeanne Drouard. Son acte de baptême est ainsi conçu :

« Le second jour d'octobre, mil six cent soixante et dix-neuf, a
» esté baptisé dans l'église de Saint-Nicolas de Nantes, par
» moy vicaire d'icelle soussigné, Jacques, nay du dernier jour de
» septembre dernier, du matin, fils d'honorable homme Guillaume
» Cassard, marchand, et d'honorable femme Jeanne Drouard, sa
» femme. A esté parrein maistre Jacques Ferré, greffier des Ré-
» gaires dudit Nantes, et marreine honorable femme Martine Binet,
» femme d'honorable homme Pierre Drouard, marchand, tous
» demeurants à la Fosse, de cette parroisse, fors ledit sieur
» Ferré, qui demeure en la Grande-Rue, parroisse de Saint-
» Denys, tous soussignés :
» *Signé* : Martine Binet du Porteau ; Ferré ; G. Cassard ; P.
» Drouard ; Jan Binet ; J. Le Bordays, vicaire. » *Reg. de 1679,
fol. 103, verso.*

Il paraît étrange qu'un semblable oubli ait si longtemps plané sur cette date, et que, loin de se dissiper, l'erreur au contraire se soit propagée. Aussi craignions-nous quelque mécompte, malgré notre attention, nos recherches soutenues et l'authenticité irrécusable de nos documents. Ceux-ci étaient-ils complets ?... Dans l'intervalle de 1669 à 1672 et de 1672 à 1674, Jeanne Drouard n'avait-elle pas mis au monde, hors de la paroisse de Saint-Nicolas, un fils du nom de Jacques ?...

Mais l'acte de décès de l'illustre marin, mort, comme l'on sait, détenu au château de Ham, lève tous les doutes et se trouve parfaitement d'accord avec l'acte de naissance. Nous le reproduisons également dans son entier.

« DÉPARTEMENT DE LA SOMME.

Arrondissement de Péronne.

Mairie de la ville de Ham.

Extrait du registre des actes de décès de la paroisse Saint-Martin de Ham, pour l'année 1740.

» Le vingt-deux janvier de la présente année mil sept cent qua-
» rante, le corps de Messire ..... Cassard, capitaine des vaisseaux
» du roi, chevalier de Saint-Louis, décédé hyer au château de cette
» ville et paroisse, y étant détenu par ordre du roi, âgé d'envi-
» ron soixante ans, après avoir reçu tous les sacrements de l'É-
» glise, a été inhumé par nous curé soussigné, dans l'église, en
» présence de M. Dutillet, aide-major, et commandant des ville
» et château, chevalier de Saint-Louis, demeurant en la paroisse
» de cette ville soussigné, et du sieur Blonsch, lieutenant en la
» compagnie d'Usar en garnison en ce château, demeurant en
» cette paroisse. Fait double, le jour et an que dessus. Signé :
» Dutillet ; Blonsch ; Laugeois ; Delobertie, vicaire.

» Pour copie conforme, à Ham, le 9 septembre 1874,

» Le maire, Maurel. »

Maintenant une dernière question.

Où se trouvait la maison dans laquelle Cassard vit le jour ?

Ce logis, situé « au bas de la Fosse, sur le devant d'icelle, consistant en une chambre basse, deux chambres hautes et grenier
au dessus », n'existe plus depuis longtemps. Il est donc fort diffi-
cile d'en préciser l'emplacement.

Néanmoins ce modeste édifice appartenait à l'histoire de Nantes, bien plus par l'illustration de celui qui y naquit qu'en raison
du droit seigneurial auquel était tenu son propriétaire. En effet, les
Cassard devaient fournir pour le tir de la quintaine de l'évêque,
seigneur haut justicier du fief de la Fosse, l'écusson planté au mi-
lieu de la Loire, les lances avec leur fer, une barque et vingt rameurs pour conduire les nouveaux mariés, qui devaient payer
chacun quatre deniers, et en plus présenter un saumon frais à

l'évêque. Ceux qui ne voulaient pas se donner en spectacle, ou faire rire à leurs dépens, encouraient une amende de soixante sols.

Voici le texte de l'aveu rendu en 1670 par Guillaume Cassard ; cette pièce inédite trouve naturellement ici sa place.

« Sachent tous presantz et advenir, que ce jour premier de mars mil six cens soixante-dix, avant midy, par devant nous notaires royaulx de la cour de Nantes, soussignez, a comparu le sieur Guillaume Cassard, marchand, demeurant à la Fosse de Nantes, paroisse de Saint-Nicolas, lequel cognoist et confesse estre estager et subjet d'Illustrissime et Révérendissime Gilles de la Baume le Blanc, par la grâce de Dieu et du Saint Siége apostolique, évesque de Nantes, et de luy tenir et relever prochement à simple obéissance pour toutes rantes charges et debvoirs, scavoir est : un corps de logis sittué au bas de ladite Fosse, sur le devant d'icelle, dans lequel il est demeurant, consistant en une chambre basse, deux chambres hautes et grenier au-dessus, couvert de pierre d'ardoise, bourné d'un costé aux héritiers du feu sieur des Chaumières (¹), bout venelle entre deux, d'autre costé et d'un bout le pavé conduisant au bas de ladite Fosse, et d'autre bout le logis appartenant à la veuve Baron, Pierre Lemerle et sa sœur (²).

» Lequel logis luy serait echeu de la succession de deffunt Jacques Cassard, son père, qui l'aurait acquis judicièrement en la juridiction des reguaires des héritiers bénéficiers de deffunt Yves Pelletier. Plus une neufiesme partie, indivise avec le surplus ap-

---

(¹) L'aveu rendu, le 30 juillet 1683, par le sieur Urbain Triberge et fils, aux droits des héritiers du feu sieur de Chaumières Boux, porte : « maison bournée vers la barrière du Sanitat, et autre logis appartenant aux héritiers du feu sieur de la Pinsonnière Fournier, d'autre vers la porte Saint-Nicolas, autre logis appartenant à Guillaume Cassard ; d'un bout par le devant ladite rue et pavé conduisant de ladite barrière du Sanitat à la porte Saint-Nicolas.

(²) L'aveu de la veuve Baron porte : bourné d'un costé Guillaume Cassard, d'autre costé Yves Pelletier, derrière logis aux héritiers du sieur des Chaumières Boux.

partenant à ses consors héritiers de deffunt Guillaume Heurtin, son oncle, d'un corps de logis, sittué en ladite Fosse, où il seroit dé-ceddé, bourné d'un costé logis appartenant à Michel Heurtin et Jeanne Cassard femme du sieur Bedué, d'autre costé le chemin qui conduit de ladite Fosse au bois de la Tousche, d'un bout par le devant ladite rue et pavé de ladite Fosse, et d'autre bout à Marguerite Missand.

» Recognoissant que sondit seigneur, à cause de sadite juridic-tion des reguaires de Nantes, a droit de haute, moyenne et basse justice, droits de lodz et ventes, rachaptz, sous rachaptz, espaves, gallois, deshérences, successions de batards, droit de quintaine pour être couru sur la rivière de Loire par les nouveaux mariés de ladite Fosse et Bignou Lestard, et tous autres droits de grande seigneurie et supérieure juridiction. Lequel présent adveu ledit Cassard donne à sondit seigneur pour vray et absolu, sauf à y augmenter ou diminuer lorsqu'il luy viendra en cognoissance y avoir obmis quelque chose ou fait quelque erreur. Et pour icelluy présenter à sondit seigneur a nommé et constitué pour son pro-cureur général et spécial Me ...., o tout pouvoir, promis, juré, obligé, renoncé, jugé et condampné.

» Fait à ladite Fosse, au tablier de Tallendeau, l'un desdits no-taires, lesdits jour et an.

Signé : CASSARD. GARREAU, notaire royal. TALLENDEAU, notaire royal. »

Deux feuilles en parchemin. Au dos est écrit : « Doit l'écusson pour la quintaine, les lances avec leur fer, la barque et 20 rameurs pour conduire ladite barque ([1]).

Si nous pouvions hasarder une conjecture, nous dirions que la maison de Guillaume Cassard se trouvait entre le Sanitat et la rue de la Verrerie actuelle, près de cette dernière.

([1]) *Arch. Départ. Aveux rendus à l'évêque de Nantes. Registre Fosse.*

Vingt pages, pour démontrer que Cassard naquit en 1679, au lieu de 1672 ou 1669, c'est beaucoup trop, pourront dire nos lecteurs, trois ou quatre suffisaient amplement à l'exposé de cet infiniment petit problème. Les pièces publiées nous serviront d'excuse, et surtout la nécessité d'établir sur preuves sérieuses que les écrivains connus et consciencieux que nous réfutons avaient pu se tromper.

Nantes a donné le nom de Cassard à un quai, placé sa statue au dessus du péristyle de la Bourse ; mais, parmi ses historiens et ses chroniqueurs, bien peu ont parlé de lui. Travers ne le nomme pas, Mellinet lui consacre à peine cinq lignes !...

Désireux de réparer cet oubli immérité, nous posons ici, sur notre brave et malheureux compatriote, le premier jalon d'une étude biographique pour laquelle nous avons déjà réuni d'importants documents. Il semble convenable, du reste, que Nantes sache au moins la date exacte de la naissance de l'un de ses plus illustres enfants, et puisse avoir quelques notions sur sa famille.

Au temps où vivait Cassard, les grades ou les emplois de la marine étaient uniquement attribués à la noblesse, qui ne souffrait aucun partage. C'est donc le grandir encore, s'il est possible, que de montrer l'humble condition de laquelle il est sorti pour s'élever aussi haut, par son brillant courage, son mérite essentiellement supérieur, ses qualités éminentes de marin habile et distingué.

— Cette étude était sous presse lorsqu'il nous a été permis de prendre connaissance, aux archives du Ministère de la Marine à Paris, d'un dossier intitulé : CASSARD, *Marine, 12 septembre 1760*. Voici l'une des deux pièces qu'il contient :

« Le sieur Cassard, officier de la marine marchande, navigue depuis seize ans. Il a fait quatre campagnes pour le service de S. M. Il était embarqué sur la frégate la *Blonde*. en qualité de second, dans l'expédition du sieur Thurot, sur la côte d'Irlande, et il a perdu un œil dans le combat qu'a soutenu ledit sieur Thurot. Il avait déjà reçu deux blessures dans un combat sur la frégate la *Therpsicore*. Il est neveu du feu sieur Cassard, capitaine de vaisseau, dont la mémoire est en recommandation dans la marine. Il demande, en considération des services de son oncle, de ceux qu'il a rendus lui-même et de ses blessures, à entrer dans le corps de la marine. Mais, comme l'intention de S. M. n'est pas dans ce moment d'augmenter le nombre des officiers, on propose à S. M. de lui accorder une pension de 400 livres, sur les invalides de la marine, que la médiocrité de sa fortune lui rend nécessaire pour continuer le service. »

Cette pièce porte en annotation : « Bon, 1er septembre 1760. »

La seconde est une copie de la lettre du 12 septembre, par laquelle M. Berryer, ministre de la marine, informe le sieur Cassard de l'obtension de sa pension.

Pour se dire le neveu du capitaine de vaisseau et porter son nom, l'officier dont il s'agit devait être le fils de Pierre Cassard, le seul frère du marin qui ait vécu, et sur le compte duquel nous n'avons jusqu'à présent rencontré aucun détail.

Richer, dans sa *Vie de Cassard* déjà citée, écrit, page 1, que Guillaume « laissa un fils et quatre filles ; l'aînée épousa M. Drouard, négociant à Nantes, les trois autres restèrent filles. »

Son assertion peut donc être ainsi rectifiée.

Guillaume laissa sept enfants, deux garçons et cinq filles : Jacques, le célèbre corsaire ; Pierre, qui eut un fils, officier dans la marine marchande, existant en décembre 1774, époque à laquelle il touchait encore sa pension, et très-probablement décédé sans alliance. Les deux filles aînées, Jeanne et Marguerite, se marièrent; les trois autres, Isabelle, Marie et Renée, moururent célibataires.

De cette nombreuse génération, nous ne connaissons aujourd'hui que MM. Le Gouais, qui, par l'alliance d'Hélène Le Gouais, en 1732, avec Jacques Darrèche, puissent se rattacher indirectement à la famille de Cassard.

Nantes. — Imp. Vincent Forest et Émile Grimaud, place du Commerce, 4.

9 782014 105179